Anne Topping

Venez à Paris

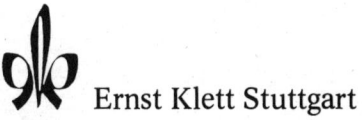
Ernst Klett Stuttgart

Vorwort

«Venez à Paris» ist eine Sammlung kleiner Geschichten aus dem Leben einer Pariser Familie. Da sind M. und Mme Giraud, ihr ältester Sohn Alain, Student an der Sorbonne, und die beiden anderen Kinder Pierre und Marie-Claude, die das Gymnasium besuchen. Alltägliche und besondere Ereignisse wechseln einander ab: man kauft ein und geht spazieren, feiert Weihnachten und den Nationalfeiertag, bekommt Besuch und führt ihn in den Louvre, den Bois de Boulogne und nach Versailles.

All das wird sehr lebendig geschildert. Die Lektüre bietet sprachlich kaum Schwierigkeiten. Sie eignet sich am besten für den Einsatz im 2. Jahr des Französisch-Unterrichts. Vorausgesetzt werden neben einem auf das Wichtigste begrenzten Grundwortschatz nur die elementaren Strukturen, die die Schüler im ersten Unterrichtsjahr lernen. Neben dem Präsens und dem «passé composé» wird nur noch das «futur proche» verwendet. Mit «être» konjugierte Verben werden erst von Kapitel 13 an nach und nach eingesetzt. Negativformen und Objektpronomen im Dativ und Akkusativ treten nur vereinzelt auf.

Das Vokabular – am Schluß des Lektüreheftes mit deutschen Wortgleichungen kapitelweise aufgeführt – enthält Wörter und Wendungen, die für jeden Französisch-Lernenden nützlich, für alle, die nach Frankreich fahren, aber geradezu unentbehrlich sind. Wir hoffen, daß die Schüler beim Lesen dieser Pariser Geschichten Lust bekommen, selbst nach Paris aufzubrechen!

Table

1. M. et Mme Giraud reçoivent une lettre 4
2. Pierre et Marie-Claude font des achats 6
3. La glace au chocolat 8
4. Madame Fabre 9
5. Le cours d'histoire 10
6. L'arrivée de Jacqueline 12
7. Le cambrioleur 14
8. Le marché aux puces 16
9. Jacqueline et Marie-Claude oublient l'heure 18
10. Le réveillon 20
11. La dispute 22
12. Le musée du Louvre 24
13. Le devoir d'allemand 26
14. La maison inhabitée 27
15. Jacqueline attrape la grippe 28
16. Les enfants gagnent de l'argent 30
17. Poisson d'avril 34
18. Jacqueline écrit à ses parents 36
19. A la patinoire 38
20. Le Bois de Boulogne 40
21. Versailles 42
22. Les courses de Longchamp 44
23. Le quatorze juillet 46
24. Le départ 48
Vocabulaire 50

Annexe
– "aller" + Infinitiv 63
– der reine Infinitiv,
  der Infinitiv mit "de" und "à" 64

1. M. et Mme Giraud reçoivent une lettre

Il est tard. M. et Mme Giraud et deux de leurs trois enfants rentrent chez eux après un mois de vacances à la campagne. Alain, le fils aîné de M. et de Mme Giraud, est encore en vacances. Il est étudiant à la Sorbonne et va rentrer à Paris
5 la semaine prochaine. Les Giraud ont beaucoup de bagages et leur appartement est en désordre. M. Giraud et Pierre rangent le salon et Mme Giraud prépare le dîner. Marie-Claude,

la plus jeune, aide sa mère. Elle cherche des provisions dans un panier.

– Où est le beurre, maman?

– Il est dans le réfrigérateur avec le vin et l'eau minérale.

Pierre entre dans la cuisine.

– Maman, je vais me coucher, j'ai sommeil, dit-il.

– Ça ne va pas? Tu es malade? Tu n'as pas mal à la tête?

– Moi aussi, je vais me coucher, maman. Je n'ai pas faim.

Mme Giraud est inquiète.

– Toi aussi, Marie-Claude! Vous êtes sûrs que vous n'êtes pas malades tous les deux? Avez-vous de la fièvre?

– Mais non, maman, répond Pierre. Nous avons sommeil, c'est tout.

Une demi-heure plus tard, les enfants sont couchés. M. et Mme Giraud lisent leur courrier. Mme Giraud parle à son mari.

– Nous avons une lettre des Fabre. Ils sont à Paris jusqu'à samedi. Mme Fabre veut venir chez nous demain. Je suis très occupée, mais je n'aime pas refuser. Elle est une vieille amie de ma sœur.

2. Pierre et Marie-Claude font des achats

Le lendemain matin, Pierre et Marie-Claude font des achats sur le boulevard Saint Michel. C'est le dernier jour des vacances et ils doivent acheter des livres et des cahiers. Marie-Claude doit acheter des livres de géographie et d'histoire, Pierre un
5 dictionnaire. Les deux enfants entrent dans une librairie. Ils choisissent leurs livres et leurs cahiers et vont à la caisse. Lorsqu'ils ont payé, ils sortent de la librairie et rencontrent Philippe et Louis Meunier.

– Tiens, quelle surprise! Vous avez passé de bonnes vacances?
10 demande Pierre.

– Oui, merci, nous avons passé quinze jours au bord de la mer et quinze jours à la montagne, répond Louis. Il a fait très beau,

une fois seulement il a plu toute la journée. Attendez deux minutes. Nous avons acheté nos livres, mais nous devons acheter nos cahiers et du papier à lettres pour maman, après nous allons au café. Venez avec nous.

Dix minutes plus tard, les quatre camarades sont assis à la terrasse du café du Globe. Ils boivent des sodas.

– Qu'est-ce qu'on va faire cet après-midi? demande Louis.
– Rien, répond Marie-Claude, nous devons aider maman.
– Mais c'est la rentrée demain!
– Je sais, continue Marie-Claude, mais après un mois de vacances notre appartement est sale. Une amie de Tante Laure vient dîner chez nous ce soir. Elle n'est pas très amusante et papa a décidé d'aller voir des clients. Maman et nous devons dîner avec elle. C'est dommage.

3. La glace au chocolat

Après le déjeuner, tout le monde se met au travail. Pierre passe l'aspirateur, Marie-Claude fait la vaisselle et Mme Giraud fait un peu de lessive. Vingt minutes après, Pierre a fini.

– Maman, j'ai passé l'aspirateur dans le salon et dans la salle à manger. Est-ce que je peux sortir?

– Mais non, mon petit, tu ne peux pas sortir. Tu n'as pas nettoyé tes chaussures, tu n'as pas rangé ta chambre et puis tu dois aller chez le pâtissier. Ce matin, j'ai commandé des pâtisseries et une glace au chocolat.

Pierre est déçu, mais il ne dit rien. Sa mère est très gentille, mais elle est sévère! Il nettoie ses chaussures, range sa chambre et va chez le pâtissier en courant. Lorsqu'il a fait les commissions de sa mère, il regarde sa montre.

– J'ai juste le temps de dire bonjour à Philippe, pense-t-il.

Pierre va chez son ami qui habite tout près. Philippe a un vélomoteur neuf. Pierre fait un tour sur le vélomoteur et les deux garçons bavardent pendant quelques minutes. Après, Pierre rentre chez lui. Il est sept heures moins le quart. Tout est prêt. Mme Giraud a beaucoup travaillé. Elle est fatiguée et se repose dans un fauteuil.

– Tu as mis la glace au réfrigérateur, Pierre? demande-t-elle.

Pierre rougit.

– Excuse-moi, maman. J'ai fait une bêtise . . . J'ai rencontré Philippe et j'ai laissé la glace et les pâtisseries dans le garage de son père.

– Ça alors! dit Mme Giraud.

4. Madame Fabre

Mme Fabre arrive chez les Giraud à sept heures et quart. C'est une femme triste qui fait des remarques désagréables.
– Vous êtes pâle, madame, dit-elle à Mme Giraud. Êtes-vous fatiguée? Comment vas-tu, Marie-Claude? Comme tu as grossi!
Mme Giraud sourit poliment, mais elle n'est pas contente.
– Voulez-vous passer à la salle à manger, madame? Mon mari ne dîne pas avec nous ce soir. Il s'excuse, il doit voir un client très important.
Le dîner dure longtemps. Les enfants s'ennuient. Mme Fabre parle beaucoup de ses enfants qui sont très intelligents.
– Ma fille Jacqueline a eu le prix d'excellence: elle a été première en français et en mathématiques, deuxième en histoire et troisième en géographie. As-tu eu de bonnes notes, Pierre?
Le pauvre Pierre rougit et ne répond pas. Il a été dernier en allemand et en physique. Mme Fabre continue...
– Mon mari et moi devons faire un voyage d'affaires au Canada. Je ne veux pas mettre ma fille en pension. Est-ce qu'elle peut rester chez vous?
Mme Giraud hésite et regarde ses enfants qui ont l'air inquiet.
– Avec plaisir, madame, mais notre appartement n'est pas grand et ma femme de ménage ne...
Mais Mme Fabre ne veut pas comprendre. Elle remercie Mme Giraud.
– Ne vous inquiétez pas, madame, ma fille n'est pas difficile. Merci beaucoup, je vais écrire à Jacqueline ce soir.

5. Le cours d'histoire

Le lendemain, tout le monde se lève de bonne heure. Marie-Claude et Pierre ont cours à huit heures. Ils vont au lycée à pied, car ils habitent tout près. C'est un grand lycée de quatre mille élèves. Beaucoup d'élèves viennent de très loin. Ils viennent
5 par le métro, en autobus et à vélomoteur.

Après le cours de français, Marie-Claude a un cours d'histoire. Son professeur parle de la Révolution Française. Marie-Claude aime l'histoire, mais aujourd'hui elle n'écoute pas, elle pense à ses vacances. Elle écrit un mot à sa voisine. «As-tu passé de
10 bonnes vacances? Nous avons passé un mois à la campagne. J'ai visité un vieux château fort et j'ai vu des cachots. La fille de Mme Fabre va venir chez nous et nous ne sommes pas

contents.» Lorsqu'elle a fini, Marie-Claude passe le mot à sa voisine. Le professeur regarde les deux élèves. Il interroge Marie-Claude. Elle ne peut pas répondre. Elle rougit.

– Excusez-moi, monsieur, mais j'ai oublié mon livre.

Le professeur est mécontent.

– Vous avez oublié votre livre et vous avez écrit un mot à votre voisine! Ne recommencez pas!

Dix minutes plus tard, la cloche sonne et le professeur sort de la classe.

– Je n'aime pas ce professeur, dit Marie-Claude.

– Moi non plus, répond son amie. Je préfère le professeur de français.

6. L'arrivée de Jacqueline

Le soir, Marie-Claude et son père vont chercher Jacqueline à la gare. Marie-Claude a l'air triste.

– Combien de temps va-t-elle rester chez nous, papa?

– Je ne sais pas, un mois ou deux, cela dépend du travail de
5 son père.

– J'espère qu'elle ne ressemble pas à sa mère.

– Marie-Claude, tu exagères! Mme Fabre est une amie de ta tante. Ne sois pas impolie!

Il y a foule devant la Gare de l'Est. M. Giraud gare sa voiture
10 dans une petite rue à côté.

– Nous sommes un peu en avance, Marie-Claude. Veux-tu prendre une glace?

Marie-Claude accepte volontiers et ils entrent dans un café en face de la gare. Marie-Claude prend une glace à la vanille,

M. Giraud une bière. Une jeune fille en pantalon, qui est assise à une autre table, regarde M. Giraud et Marie-Claude, puis elle se lève et vient vers eux.

– Excusez-moi, monsieur, mais n'êtes-vous pas M. Giraud? demande-t-elle.
– Mais oui, mademoiselle. Vous êtes Jacqueline?
– Oui, monsieur. Papa a reçu un télégramme ce matin. Mes parents ont pris le train de dix heures et j'ai décidé de partir plus tôt aussi. J'ai laissé mes bagages à la consigne, puis j'ai fait un tour. Je ne connais pas Paris. J'ai vu l'Arc de Triomphe et les Champs-Elysées.

Marie-Claude regarde sa nouvelle amie avec curiosité, puis elle sourit. Jacqueline a l'air sympathique.

7. Le cambrioleur

Ce soir, M. et Mme Giraud sont invités chez des amis. Avant de partir, Mme Giraud embrasse les enfants.
– J'ai laissé un repas froid dans la cuisine. Soyez sages et allez vous coucher de bonne heure.

Les enfants font leurs devoirs en vitesse. Pierre se couche tôt, mais les deux jeunes filles lisent et écoutent des disques. Elles se couchent vers minuit. Lorsqu'elles sont couchées, elles entendent du bruit dans la cuisine. Marie-Claude se penche à la fenêtre de leur chambre.

— Ce n'est pas papa. Je n'ai pas entendu la voiture. Non, elle n'est pas garée devant l'immeuble.
— C'est peut-être un cambrioleur! Qu'est-ce que nous allons faire?
— Nous devons téléphoner à la police, chuchote Marie-Claude.

Pierre dort. Il n'a rien entendu. Les deux jeunes filles sortent de leur chambre sur la pointe des pieds. Il fait noir dans l'entrée. Marie-Claude heurte un grand sac à dos et tombe. La porte de la cuisine s'ouvre. C'est Alain.

— Qu'est-ce que tu fais là? demande Marie-Claude.
— J'ai décidé de rentrer un jour plus tôt. J'ai écrit à maman avant-hier.
— Elle n'a pas reçu ta lettre. Lorsque nous avons entendu du bruit nous avons eu très peur.
— Que tu es sotte! dit Alain.

Marie-Claude hausse les épaules et se tourne vers Jacqueline.
— Mon frère est toujours comme ça!

8. Le marché aux puces

Ce matin, Alain a invité Jacqueline à aller au marché aux puces. Elle a accepté avec plaisir. Après le déjeuner, ils mettent leurs manteaux.

– J'ai écouté la radio tout à l'heure, dit Mme Giraud. Il va pleuvoir. Avez-vous votre parapluie, Jacqueline?

– Oui, madame, je l'ai.

– As-tu pris mes lettres, Alain?

– Je les ai, maman, et j'ai pris des tickets de métro aussi.

Une heure plus tard, les deux jeunes gens arrivent au marché. Il y a beaucoup d'animation.

– Fais attention à ton sac à main, Jacqueline, dit Alain, quelquefois il y a des voleurs. Ce marché est très intéressant, continue-t-il. On peut acheter des fruits, des légumes, du fromage, des vêtements, des livres... toutes sortes de choses, mais je préfère aller chez les antiquaires. L'année dernière, j'ai fait une bonne affaire. J'ai acheté un vieux couteau et je ne l'ai pas payé cher.

Jacqueline et Alain restent longtemps devant les étalages des antiquaires. Ils regardent des tableaux, des meubles anciens, des pièces de monnaie, des revolvers. Jacqueline voit un joli petit vase grec. Elle l'achète.

– Il est très sale, dit-elle, il doit être ancien. C'est une bonne affaire.

– Le soir, elle lave son vase, puis elle rit et le montre à Mme Giraud.

– Oh madame, il n'est pas grec! Regardez dessous, «Made in France».

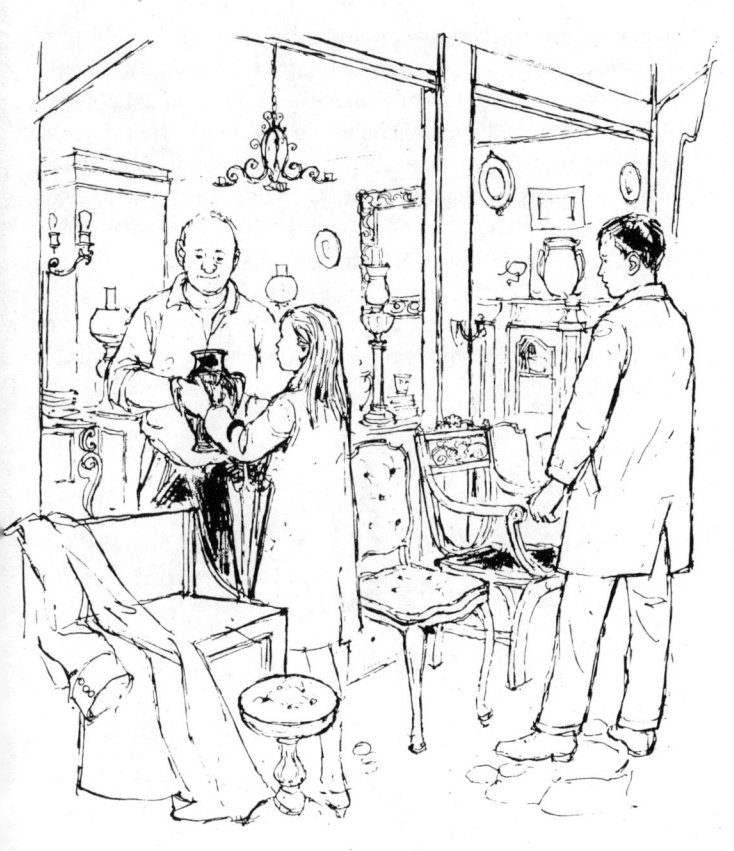

9. Jacqueline et Marie-Claude oublient l'heure

Jacqueline est en seconde. Aujourd'hui, son professeur d'histoire est malade et elle sort du lycée à quatre heures. Marie-Claude, qui est plus jeune que Jacqueline, est en quatrième. Le mardi, elle sort à quatre heures. D'habitude elle rentre tout de suite chez elle et fait ses devoirs, mais aujourd'hui, elle attend Jacqueline dans la cour du lycée. Ce matin, Jacqueline a reçu son argent de poche et les deux jeunes filles ont décidé de faire des achats. Jacqueline veut acheter une paire de bas et un disque. Marie-Claude veut acheter un cadeau pour une amie. Lorsqu'elles ont fait leurs achats, elles s'arrêtent devant l'étalage d'un vieux camelot qui vend des paquets de camomille. Il regarde Jacqueline...

– Mesdames, si vous voulez être belles comme cette demoiselle, buvez de la camomille! Messieurs, si vous voulez être beaux comme moi, buvez de la camomille!

Le camelot n'est pas beau, mais il est amusant et les deux jeunes filles oublient l'heure. Tout à coup, Marie-Claude regarde sa montre.

– Sept heures moins vingt, et je n'ai rien dit à maman! Elle doit être inquiète. Dépêchons-nous.

Une demi-heure plus tard, elles arrivent chez elles. Le téléphone sonne et Marie-Claude décroche.

– Allô, 072-70-37... Oui, c'est moi... Non, je n'ai pas fini mes devoirs... Oui, bien sûr.

Marie-Claude raccroche.

– Nous avons de la chance, papa et maman ont eu une panne. Nous allons mettre le couvert.

10. Le réveillon

Hier soir, M. Giraud a mis un sapin dans le salon. Marie-Claude et Jacqueline ont décoré la maison et ont mis des cadeaux au pied de l'arbre de Noël. Aujourd'hui, c'est la veille de Noël et Mme Giraud prépare le réveillon. Elle a beaucoup de travail et les enfants l'aident. Marie-Claude et Jacqueline font la vaisselle et le ménage. Les garçons font les achats. Mme Giraud fait la cuisine. M. Giraud rentre de son bureau vers sept heures et amène ses beaux-parents avec lui. Marie-Claude embrasse ses grands-parents. Son grand-père est chargé de paquets. Il les met dans le salon.

– As-tu mis tes souliers dans la cheminée? demande-t-il à Marie-Claude. C'est dommage, j'ai oublié ton cadeau à la maison.

– Je le vois, grand-père, répond Marie-Claude en riant. Tu l'as derrière ton dos et tu sais bien que je suis trop grande pour mettre mes souliers dans la cheminée.

Les Giraud et les grands-parents bavardent et regardent la télévision, puis ils vont à la messe de minuit. Lorsqu'ils rentrent chez eux à une heure et quart du matin, ils ont faim! Mme Giraud a préparé un bon réveillon. Ils mangent des huîtres, de la dinde aux marrons, de la salade, du fromage et la bûche de Noël. Ils boivent du vin d'Alsace, du bordeaux et du champagne. Vers la fin du repas, M. Giraud lève son verre.

– A la santé de la cuisinière! dit-il.

– Merci, Georges, répond sa femme en souriant, et Joyeux Noël.

11. La dispute

Alain sort ce soir. Il va à un bal d'étudiants. Jacqueline et Marie-Claude sortent aussi. Elles vont à une surprise-partie. Vers six heures et demie, les deux jeunes filles commencent à faire leur toilette: elles se lavent, se peignent et s'habillent. A sept
5 heures et quart Alain frappe à la porte de la salle de bains.
– Marie-Claude, tu n'as pas fini?
– Non, je me peigne et Jacqueline s'habille.
– Tu te peignes! mais tu es dans la salle de bains depuis trois quarts d'heure! Je n'ai pas fait ma toilette et nous allons bientôt
10 partir. Que tu es agaçante!
   Alain crie, Marie-Claude aussi et Mme Giraud sort du salon.
– Taisez-vous, mes enfants! Jacqueline et Marie-Claude, allez tout de suite dans votre chambre. Alain, n'exagère pas, tu n'es pas pressé.

Enfin, tout le monde est prêt. Alain va emmener sa sœur et son amie à la surprise-partie. M. Giraud lui donne les clefs de la voiture.

– Sois prudent, Alain. Marie-Claude et Jacqueline, n'oubliez pas que vous devez rentrer à onze heures.

– Mais papa, nous sommes en vacances! Alain va rentrer très tard.

– Tant pis, Marie-Claude, vous êtes plus jeunes que lui.

Les deux jeunes filles s'amusent bien à la surprise-partie et dansent beaucoup. Lorsqu'elles rentrent à la maison, elles sont fatiguées. Elles se couchent et s'endorment tout de suite. Le lendemain, elles se lèvent tard, mais c'est Alain qui se lève le dernier. Il ne se réveille qu'à deux heures de l'après-midi!

12. Le Musée du Louvre

Ce matin, Philippe a téléphoné à Pierre. Il l'a invité chez lui, mais Pierre a refusé.

— Tu es gentil, mais je ne peux pas. Nous allons au Louvre. Jacqueline n'a jamais vu la Joconde. Viens avec nous si tu veux.

Philippe a accepté avec plaisir et Pierre lui a donné rendez-vous à trois heures devant la grande porte du Musée du Louvre. Les Giraud arrivent à trois heures juste. Philippe est déjà là. Les jeunes gens entrent dans le musée et regardent d'abord la Vénus de Milo. Ensuite, ils vont dans une grande salle où ils voient la Joconde. Ils la regardent un bon moment.

- Qu'elle est belle! dit Jacqueline. Regardez son sourire! Les jeunes gens restent longtemps au Louvre et voient beaucoup de statues et de tableaux. Dans le hall du Musée, Jacqueline achète une reproduction de la Joconde.
- C'est cher, dit-elle, mais je n'ai jamais vu un tableau aussi beau.

Lorsqu'ils arrivent chez eux, Jacqueline montre sa reproduction à Alain.
- Ah! La Joconde! dit-il d'un air surpris. Elle n'a pas changé... elle a toujours l'air aussi triste!
- Tais-toi, Alain, dit Mme Giraud. Ne l'écoutez pas, Jacqueline.
- Ça va, madame, dit Jacqueline en souriant. J'ai l'habitude. Avec mon frère aîné c'est la même chose!

13. Le devoir d'allemand

Un soir, Pierre va chez ses amis Philippe et Louis Meunier. M. et Mme Meunier sont allés au théâtre et Philippe et Pierre ont décidé de travailler ensemble. Ils doivent faire trois problèmes de mathématiques, un devoir d'allemand et une
5 carte des États-Unis. Philippe dessine bien. Lorsqu'il a terminé sa carte, il fait la carte de Pierre. Pendant ce temps, Pierre fait les problèmes de mathématiques. Ensuite, ils commencent à faire leur devoir d'allemand.
– Philippe, où est ton dictionnaire?
10 – Je l'ai perdu. Qu'est-ce que tu veux savoir?
– Comment est-ce qu'on dit «chat» en allemand?
– Je ne suis pas sûr, mais je crois que c'est «Katz».
Pierre écrit: «Mein Katz und meine Hund sind sehr alt...»
– Je n'aime pas l'allemand, dit Pierre, c'est trop difficile.
15 Dépêchons-nous, il y a un bon film à la télévision. C'est l'histoire d'un agent secret qui est allé en Chine.
Les deux garçons se dépêchent et finissent leurs devoirs juste à temps pour voir le film.
Une semaine plus tard, lorsque le professeur d'allemand
20 rend les devoirs aux élèves de troisième, Philippe et Pierre n'ont pas la même note.
– Ce n'est pas juste, dit Pierre. Nous avons travaillé ensemble, mais moi, j'ai une mauvaise note et toi, tu as douze. Je ne comprends pas pourquoi.
25 – Moi non plus, répond Philippe. Tu as mal copié peut-être.

14. La maison inhabitée

Aujourd'hui, Pierre, Philippe et Marie-Claude emmènent Jacqueline au Quartier Latin. Ils visitent la belle église Saint-Séverin, puis ils se promènent dans les vieilles rues étroites. Vers quatre heures, Pierre a faim. Ils achètent du pain, puis ils entrent dans une charcuterie et achètent du saucisson. Jacqueline veut prendre une photo de deux maisons anciennes qui sont en face de la charcuterie. Entre ces maisons il y a une petite cour avec un jet d'eau. Lorsqu'elle a pris sa photo, ils décident de manger leurs sandwiches dans la cour. Pendant qu'ils mangent, Pierre remarque des taches sur les pavés.

– Je crois que ce sont des taches de sang, dit-il. Regardez, elles vont jusqu'à la porte de cette maison. Je vais voir.

La porte de la maison s'ouvre facilement et Pierre et Philippe entrent. Ils ne trouvent rien au rez-de-chaussée, alors ils montent au premier étage et entrent dans une chambre. Dans un coin sombre, les deux garçons voient un petit chat qui a une patte blessée. Avec des mouvements très doux, Pierre le prend dans ses bras et l'enveloppe dans son pull-over. Lorsqu'ils rentrent, Mme Giraud voit la chemise de Pierre toute sale et tachée de sang.

– Pierre! qu'est-ce que tu as fait? Où es-tu allé?

– Ce n'est rien, maman. Nous sommes allés dans une maison inhabitée et nous avons trouvé ce petit chat perdu.

Mme Giraud le regarde.

– Qu'il est mignon! dit-elle. Nous allons le garder.

15. Jacqueline attrape la grippe

Hier, Jacqueline a attrapé la grippe et elle n'est pas allée au lycée. Aujourd'hui, elle va mieux, mais le médecin lui a dit qu'elle doit garder le lit jusqu'à la fin de la semaine. Elle a lu un roman policier et elle a écouté la radio. Maintenant, elle a mal à la tête et s'ennuie. Mme Giraud lui apporte des cachets d'aspirine et un verre d'eau.

– Je regrette, Jacqueline, mais je dois sortir faire des courses. Voulez-vous autre chose? un fruit? une camomille?

– Merci, madame, je ne veux rien d'autre pour l'instant. Je suis un peu fatiguée et je vais essayer de dormir.

Mme Giraud sort. Une demi-heure plus tard, Pierre et Philippe rentrent du lycée. Ils apportent un disque. La porte de la chambre de Jacqueline est ouverte.

– Tu dors, Jacqueline? chuchote Pierre.
– Non, je ne dors pas.
– Veux-tu écouter le nouveau disque de Philippe?

Jacqueline accepte et Pierre apporte le tourne-disque dans la chambre. Il le met très fort. Plus tard, lorsque Mme Giraud rentre, elle est très mécontente.

– Pierre, dit-elle, arrête le tourne-disque immédiatement! La concierge a dit qu'on l'entend dans tout l'immeuble. As-tu oublié que Jacqueline est fatiguée?

– Excusez-nous, madame, dit Jacqueline. Nous n'avons pas pensé aux voisins et c'est très curieux, je n'ai plus mal à la tête maintenant.

16. Les enfants gagnent de l'argent

Les enfants veulent faire du patin à glace et c'est cher. Ils ont donc décidé de gagner de l'argent. Cet après-midi, Pierre a lavé la voiture d'un voisin. Ce soir, c'est le tour des jeunes filles. Elles vont garder le bébé de M. et Mme Bérenger pendant qu'ils sont à l'Opéra. Mme Bérenger leur montre la chambre du bébé.

– Il dort, dit-elle. Mettez la télévision si vous voulez, il ne se réveille jamais avant minuit. J'ai laissé des petits gâteaux sur la table de la cuisine et il y a du lait dans le réfrigérateur. J'espère que vous allez passer une bonne soirée.

Lorsque M. et Mme Bérenger sont partis, Marie-Claude et Jacqueline allument le poste de télévision. Un quart d'heure après, le bébé se réveille et commence à pleurer. Les deux jeunes filles se regardent. Jacqueline va dans la chambre du bébé et le prend dans ses bras. Elle le berce. Jean pleure plus fort. Marie-Claude a une bonne idée, elle lui donne un jouet et chante très doucement. Mais une demi-heure plus tard Jean pleure toujours. Les deux jeunes filles sont inquiètes.

— Je crois qu'il est malade, dit Jacqueline. Sa petite figure est toute rouge. Je vais téléphoner à ta mère.

Mme Giraud arrive en taxi. Elle prend Jean dans ses bras.
— Ce n'est rien, dit-elle. Je vais le changer. Vouz allez voir, il va dormir.
— Tu sais, dit Marie-Claude à Jacqueline, c'est maman qui mérite l'argent que nous allons gagner.

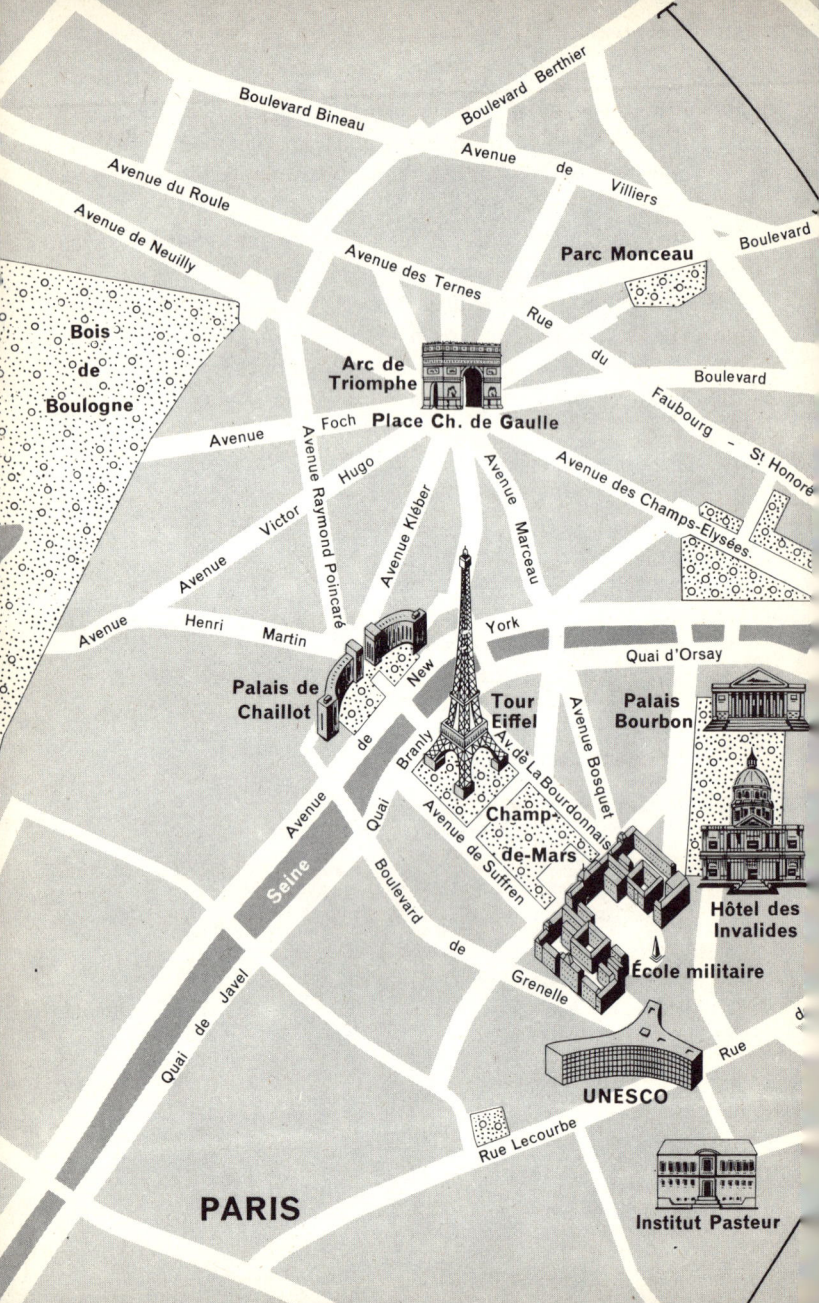

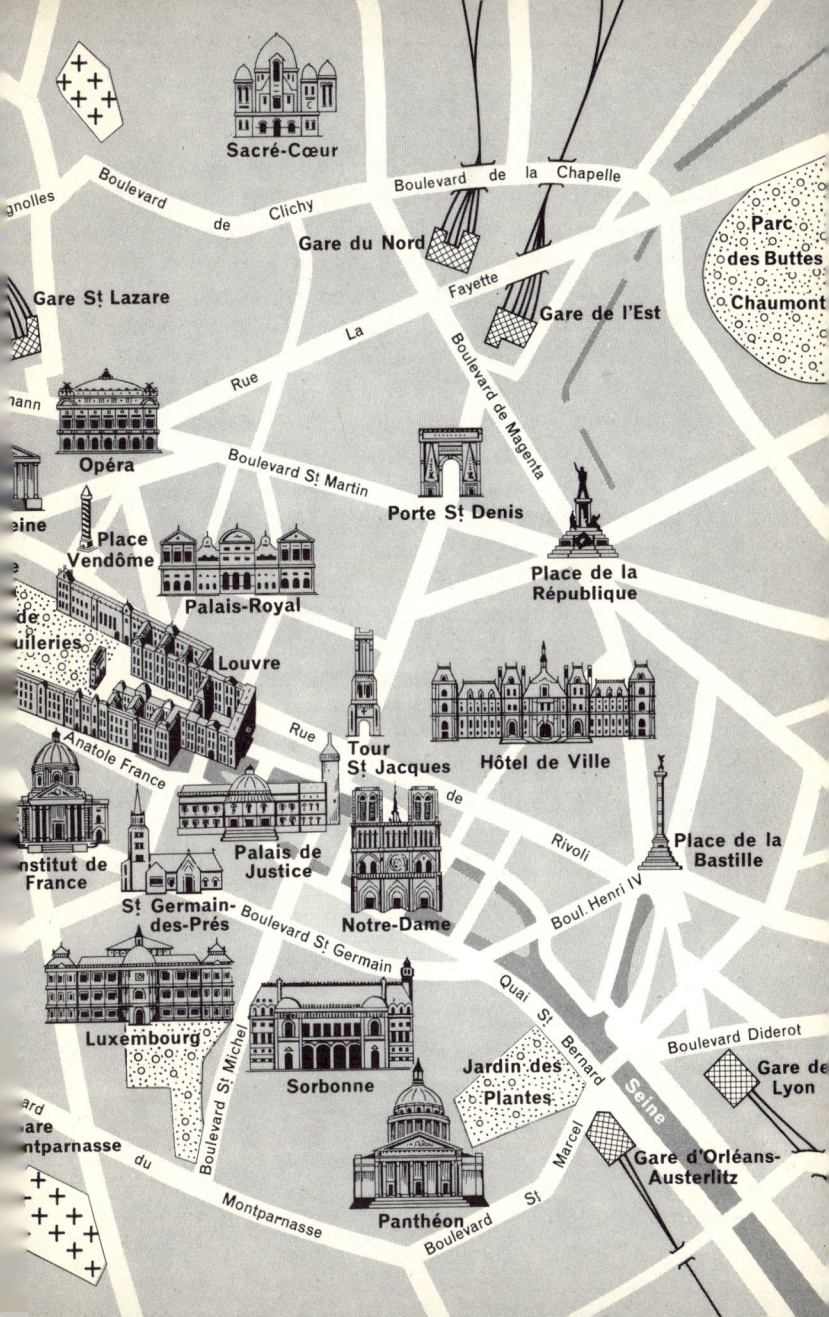

17. Poisson d'avril

Le premier avril, lorsque Pierre et Marie-Claude descendent dans la cuisine, ils ont de la farine et des «boutons» sur la figure. Mme Giraud a déjà fait le café et a mis du pain, du beurre et du miel sur la table. Elle est en train de préparer des tartines
5 pour son mari et ne regarde pas ses enfants.
– Maman, dit Marie-Claude, nous ne pouvons pas aller au lycée aujourd'hui. Nous sommes tous malades; je crois que nous avons la rougeole.
Mme Giraud regarde sa fille d'un air surpris.
10 – Poisson d'avril! crient les enfants.
Au lycée, Pierre et Philippe sont très sages pendant le cours de mathématiques. M. André, leur professeur de maths, est âgé et très sévère. Après, les garçons ont un cours de dessin. M. Laget, leur professeur de dessin, est jeune et n'est pas sévère.
15 Il n'est pas encore dans sa classe et Philippe dessine un gros poisson au tableau. Un autre élève met un panier au-dessus de la porte. Les élèves entendent des pas dans le couloir.
– Chut! c'est M. Laget, dit Pierre.
La classe attend... Hélas, ce n'est pas le professeur de dessin
20 et le panier tombe sur la tête du surveillant général. Il est furieux et donne une retenue à toute la classe.
– Nous n'avons pas de chance, dit Pierre.

18. Jacqueline écrit à ses parents

Chers parents,

Merci de votre lettre et de vos cartes postales. La semaine dernière, j'ai eu la grippe et j'ai gardé le lit pendant
5 cinq jours. Maintenant, je vais beaucoup mieux et j'espère que vous allez bien aussi.

Nous sommes en vacances depuis samedi. Hier, il a fait très beau et je suis sortie avec Pierre et Marie-Claude.
10 Nous avons visité le Musée d'Art Moderne, puis nous sommes montés sur la Tour Eiffel. L'ascenseur coûte cher et nous avons pris les escaliers. Marie-Claude n'aime pas les hauteurs, elle a eu peur et elle est redescendue.
15 Je suis montée au deuxième étage avec Pierre. Nous avons eu une très belle vue. J'ai vu le lycée, mais pas notre immeuble. Après, nous avons acheté des cartes postales et des souvenirs, puis nous avons commencé à
20 descendre. Pierre est descendu en courant.

Je l'ai suivi, mais plus lentement,
il y a sept cent quarante-quatre marches
et l'escalier tourne beaucoup. Pierre
est allé trop vite et a heurté un petit
5 garçon. Le petit est tombé et son
ballon a commencé à rouler dans
l'escalier. Trois personnes ont couru
après le ballon et finalement une
étudiante américaine l'a
10 rattrapé. Pierre est remonté et
a rendu le ballon. Je suis ar-
-rivée en bas avant
lui!

 J'aime beaucoup Paris,
15 et j'espère que vous
aimez Québec.

 Bons baisers,

 Jacqueline.

19. A la patinoire

Deux jours plus tard, les enfants vont à la patinoire. Jacqueline va à la caisse et achète les billets d'entrée. C'est sa fête et ses parents lui ont envoyé de l'argent. Les jeunes gens laissent leurs manteaux au vestiaire et louent des patins. Il fait très frais à la
5 patinoire et tout le monde porte un pull-over. Jacqueline est frileuse: elle a mis son pantalon de ski, und gros pull-over et son anorak. A la patinoire, il y a beaucoup de jeunes et d'enfants. Pierre et Marie-Claude tiennent Jacqueline par la main parce qu'elle n'a jamais fait de patin à glace. Une petite fille et un petit
10 garçon dansent au milieu de la patinoire. Ils dansent bien. Jacqueline les regarde, puis elle essaie de patiner. La pauvre fait deux pas et tombe. Elle se relève en riant. Marie-Claude et Pierre savent patiner. Ils laissent Jacqueline seule et font le tour de la patinoire. Quelques minutes plus tard, Marie-Claude
15 voit son amie de l'autre côté de la patinoire.

– Pierre, regarde Jacqueline, elle est encore tombée et elle ne bouge pas!

Lorsqu'ils arrivent auprès de Jacqueline, elle leur dit qu'elle a très mal au bras. Ils l'emmènent le plus vite possible à l'in-
20 firmerie. L'infirmière met ses lunettes et regarde le bras de Jacqueline.

– N'ayez pas peur, ce n'est pas grave, mademoiselle. Reposez-vous ici si vous voulez.

– Tu n'as pas de chance, dit Pierre, tes premiers essais sur glace
25 ont été un peu courts.

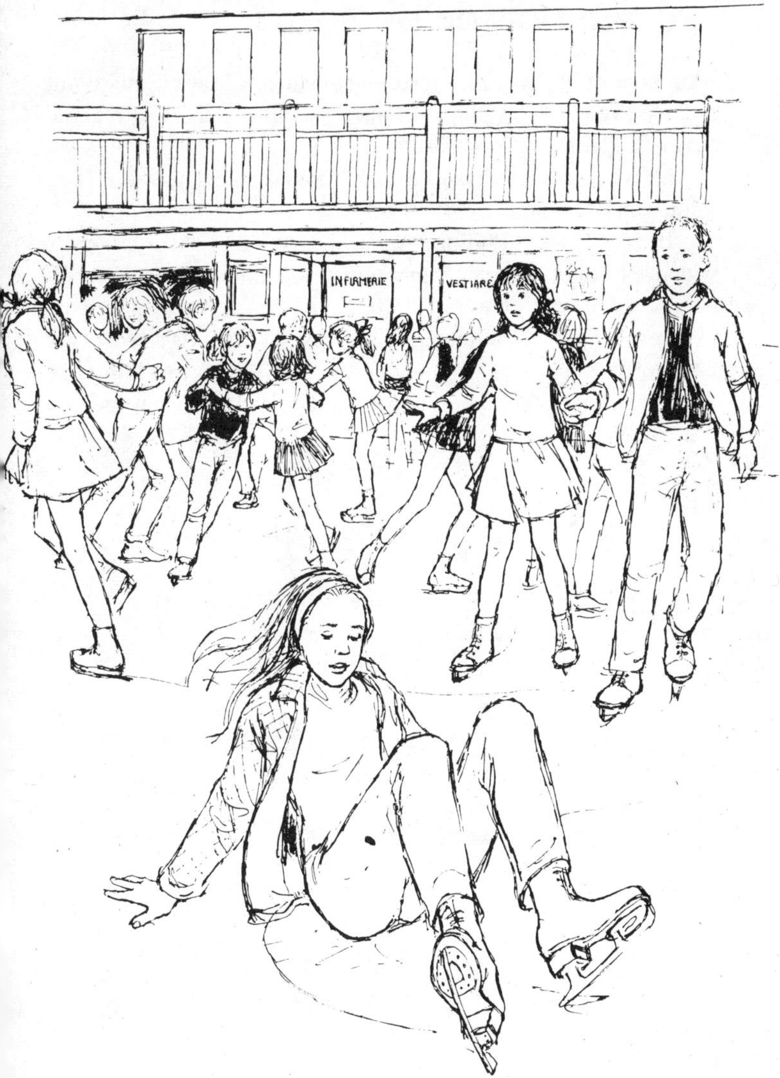
INFIRMERIE
VESTIAIRE

20. Le Bois de Boulogne

Un samedi après-midi, Pierre, Jacqueline et Marie-Claude ont rendez-vous avec Philippe. Pierre s'habille, puis il se regarde dans la glace.
– Mon pull-over est sale, se dit-il. Alain est sorti, je vais mettre
5 son pull-over neuf.

Ils rencontrent Philippe devant l'entrée du métro. Les deux jeunes filles ont emporté un pique-nique. Lorsqu'ils arrivent au bois, il fait très chaud et ils font une promenade en bateau. Après, ils font un pique-nique au bord de l'eau. Ils se reposent
10 au soleil, puis ils se promènent à pied. Ils vont très loin et se perdent dans le bois. Ils rencontrent une dame qui leur indique le chemin.

Soudain ils remarquent de gros nuages noirs dans le ciel. Marie-Claude s'arrête.
– J'ai emprunté le sac de maman et lorsque nous sommes sortis du bateau je l'ai laissé sous le banc!

5   Ils retournent au lac et de grosses gouttes de pluie commencent à tomber. Ils n'ont pas apporté leurs imperméables et bientôt ils sont trempés. Marie-Claude retrouve le sac de sa mère et ils repartent chez eux, mais ils ont froid.

Lorsqu'ils rentrent à la maison, c'est Alain qui leur ouvre la
10 porte.
– Ah, ça alors! Le voilà mon pull-over... et dans quel état...! Eh bien, Pierre, tu vas le laver...!

21. Versailles

Par un beau dimanche de mai, M. Giraud emmène sa famille au Château de Versailles. Les enfants n'ont jamais visité le château et ils veulent voir la Galerie des Glaces. Mme Giraud y est allée plusieurs fois et elle préfère attendre sa famille à
5 l'extérieur. Elle a apporté un bon livre et elle s'assied sur un banc. Lorsque les enfants reviennent, elle leur propose de visiter le hameau qui est dans le parc du château.

— C'est très joli. J'y suis allée pour la première fois l'année dernière. Il y a un petit étang et on voit la maison de la reine,
10 la maison du roi, la salle de bal et un petit moulin.

Il fait très chaud, mais il y a beaucoup d'arbres et la promenade à travers le parc est agréable. Soudain, Pierre s'arrête.

– Papa, viens voir! J'ai trouvé une caméra.

M. Giraud la regarde.

– C'est une bonne marque, dit-il. Il faut la porter au bureau où nous avons pris les billets.

Devant la maison de la reine ils rencontrent un monsieur et sa femme. Le monsieur regarde Pierre et lui dit:

– Pardon, jeune homme, n'avez-vous pas vu une caméra allemande par hasard? Tout à l'heure, lorsque ma femme et moi avons rencontré des amis, j'ai laissé ma caméra sur un banc.

Pierre rend la caméra au monsieur qui est si content qu'il propose aux Giraud de les emmener au café. Pierre prend une glace. Elle est délicieuse.

22. Les courses de Longchamp

Au mois de juin, Alain doit passer un examen et les enfants ont des compositions au lycée. Ils travaillent beaucoup et font des révisions très tard tous les soirs. Jacqueline a reçu une lettre de ses parents. Ils vont à Munich au mois d'août et
5 Jacqueline va les rejoindre. Marie-Claude et Pierre sont un peu tristes. Jacqueline est très gentille et ils l'aiment bien. Un dimanche matin, M. Giraud décide d'emmener toute la famille aux courses de Longchamp.

— Vous avez bien travaillé cette semaine, dit-il. Aujourd'hui il
10 fait beau et nous allons sortir.

Les Giraud partent de chez eux tout de suite après le déjeuner. Lorsqu'ils arrivent au champ de courses, M. Giraud achète le programme officiel et l'étudie.

– Je vais mettre mon argent sur «Flash» et deux autres chevaux anglais, dit-il, ils vont sûrement gagner.

Mme Giraud sourit. Elle va mettre son argent sur «Le Petit Prince», sur «Symphonie» et sur «Etoile». Elle ne sait pas si ce sont de bons chevaux, mais elle trouve qu'ils ont de jolis noms. Les chevaux partent. M. Giraud les regarde avec ses jumelles. Petit à petit, «Le Petit Prince» dépasse «Flash». Tous les spectateurs crient. Les Giraud ne voient pas très bien la fin de la course, mais lorsqu'on annonce les résultats, ce sont les chevaux de Mme Giraud qui ont gagné!

– Tu as bien fait, Louise, tu as gagné une grosse somme! dit M. Giraud.

– Eh bien, maintenant les enfants peuvent passer les grandes vacances en Allemagne avec Jacqueline, répond sa femme.

– C'est vrai, maman? dit Marie-Claude. Que tu es gentille!

23. Le quatorze juillet

C'est le quatorze juillet, jour de la Fête Nationale. Alain va à un bal. Lorsqu'il dit au revoir à ses parents il a l'air triste.
– Tu vas au bal avec Ginette? lui demande sa mère.
– Non, elle y va avec Gérard. J'y vais seul.

Vers neuf heures du soir, M. et Mme Giraud emmènent Marie-Claude et Jacqueline voir le feu d'artifice. Lorsqu'ils descendent de leur voiture, il pleut. Mme Giraud ouvre son parapluie et les jeunes filles mettent leurs imperméables. Les Giraud entrent dans un café. Il y a du monde, mais ils ont de la chance et trouvent une table libre. Pendant que M. Giraud commande les boissons, Mme Giraud regarde les passants et voit Alain et Ginette qui se promènent, la main dans la main! Ils ont l'air heureux et la mère d'Alain sourit. Les Giraud admirent le feu d'artifice. Il est très beau, et les spectateurs poussent des cris de plaisir.

– Regardez les étoiles vertes et rouges! dit Jacqueline. Elles sont belles!

– Le lendemain, toute la famille se lève tard et déjeune au restaurant à midi.

– As-tu rencontré des amis hier soir, Alain? lui demande son père.

– Oui, papa. Au fait, Gérard est malade et lorsque je suis entré dans un café, j'ai rencontré Ginette et deux de ses amies. Nous avons bavardé un peu, puis je suis allé au bal avec Ginette. Ce soir, nous allons jouer au tennis.

Les parents d'Alain sourient, mais ne disent rien. Ils connaissent leur fils…!

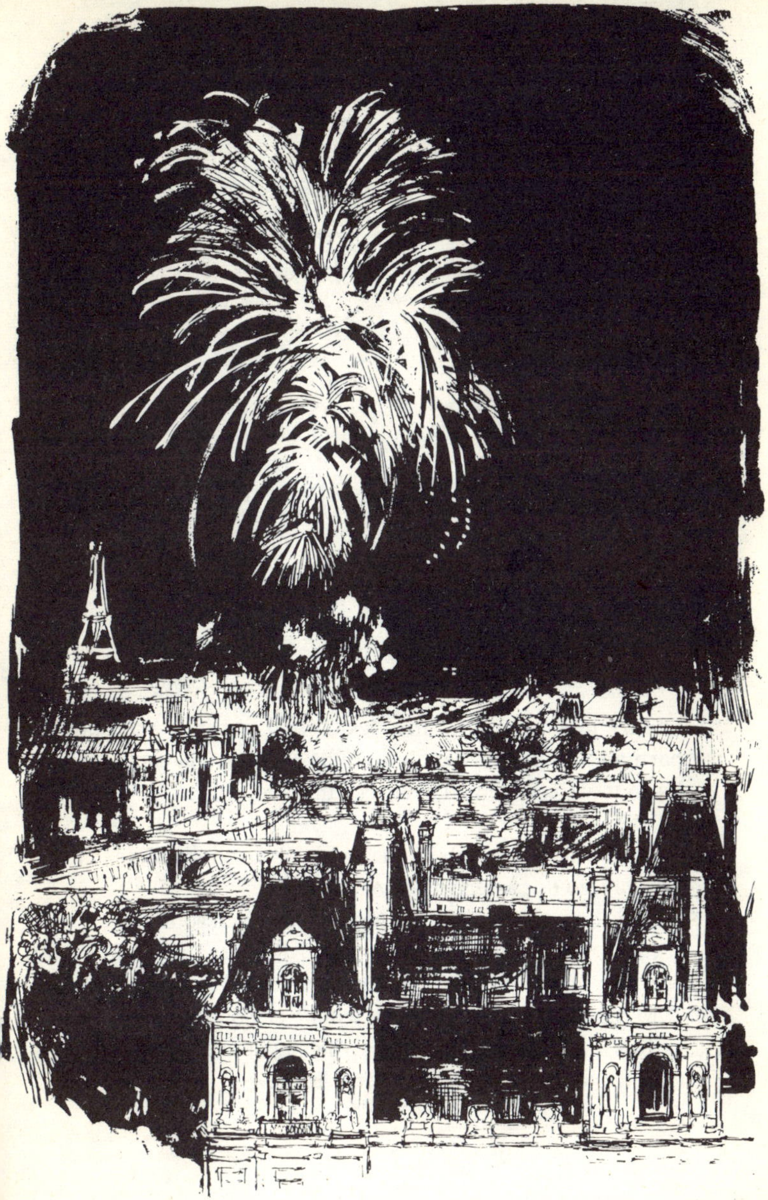

24. Le départ

Quinze jours plus tard, tous les Giraud, excepté Alain qui est parti en Suisse, attendent le train de Munich à la Gare de l'Est. Ils sont arrivés bien en avance, car ils ne veulent pas manquer le train.

– Vous n'avez rien oublié, mes enfants? demande Mme Giraud. Vous avez vos passeports et vos billets?

– Mais oui, maman, répond Marie-Claude en souriant.

– Et les sandwiches? Vous les avez? J'espère que vous n'allez pas avoir faim. Faites attention, n'est-ce pas? C'est un long voyage.

M. Giraud se tourne vers sa femme en souriant.

– Tu t'inquiètes trop, Louise. L'Allemagne n'est pas loin et les enfants vont être chez M. et Mme Fabre.

Enfin, le train entre en gare et M. Giraud monte les valises dans un compartiment de deuxième classe. Une demi-heure après, lorsque Mme Giraud a embrassé ses enfants au moins trois fois, le train se met en marche. Tout le monde fait des signes d'adieu.

– Au revoir maman, au revoir papa, crient les enfants.

Lorsque le train est sorti de la gare, M. Giraud regarde sa femme. Elle pleure. Il la prend par le bras.

– Écoute, Louise, ils vont bientôt revenir. Ce soir, nous allons faire un bon petit repas au restaurant et après, si tu veux, nous pouvons aller au théâtre.

Mme Giraud remet son mouchoir dans son sac à main et sourit.

– Merci, Georges, tu es bien gentil.

Vocabulaire

1. M. et Mme Giraud reçoivent une lettre

4 tard	spät
Ils rentrent chez eux.	Sie kehren (zu sich) nach Hause zurück.
un mois de vacances *f*	ein Monat Ferien
à la campagne	auf dem Land
le fils aîné	der älteste Sohn
un étudiant	ein Student
la Sorbonne	*(die Pariser Universität)*
Il va rentrer à Paris la semaine prochaine.	Er kehrt nächste Woche nach Paris zurück.
beaucoup de bagages *m pl*	viel Gepäck
en désordre	in Unordnung
5 la plus jeune	die Jüngste
les provisions *f pl*	die Lebensmittel
le panier	der Korb
le beurre	die Butter
le réfrigérateur	der Kühlschrank
le vin	der Wein
Je vais me coucher.	Ich gehe schlafen.
le sommeil	der Schlaf, die Müdigkeit
J'ai sommeil	Ich bin müde.
inquiet, inquiète	beunruhigt, besorgt
la fièvre	das Fieber
avoir de la fièvre	Fieber haben
le courrier	die Post *(Briefe)*
jusqu'à	bis
vouloir	wollen
Elle veut venir chez nous.	Sie will zu uns kommen.
Je n'aime pas refuser.	Ich möchte nicht ablehnen.
vieux, vieil, vieille	alt

2. Pierre et Marie-Claude font des achats

un achat	ein Einkauf 6
faire des achats	einkaufen
le lendemain	am nächsten Tag
le lendemain matin	am nächsten Morgen
devoir	müssen; sollen
ils doivent acheter qc	sie müssen etw kaufen
le dictionnaire	das Wörterbuch
choisir	(aus-)wählen
ils choisissent	sie wählen
lorsque	als; wenn
Ils sortent de la librairie.	Sie gehen aus der Buchhandlung hinaus.
rencontrer	treffen
Tiens, quelle surprise!	Ach, was für eine Überraschung!
passer	*hier:* verbringen
de bonnes vacances	schöne Ferien
Vous avez passé de bonnes vacances?	War es schön in den Ferien?

le bord	der Rand; die Küste
au bord de la mer	am Meer
à la montagne	im Gebirge
Il fait beau.	Es ist schönes Wetter.
seulement	nur
Il a plu.	Es hat geregnet.
le papier à lettres	das Briefpapier
Nous devons acheter du papier à lettres.	Wir müssen Briefpapier kaufen.
dix minutes plus tard	zehn Minuten später
le globe	die Kugel, d.Globus
le café du Globe	*(Name des Cafés)*
Qu'est-ce qu'on va faire cet après-midi?	Was wollen wir heute nachmittag machen?
aider	helfen
C'est la rentrée demain!	Morgen fängt die Schule wieder an!
sale	schmutzig
Elle vient dîner chez nous.	Sie kommt zum Essen zu uns.
décider de faire qc	beschließen/sich entschließen, etw zu tun
aller voir qn	jdn besuchen
dommage	schade

3. La glace au chocolat

la glace au chocolat	das Schokoladeneis
le monde	die Welt
tout le monde	jeder
se mettre au travail	sich an die Arbeit machen
passer l'aspirateur *m*	staubsaugen
faire la lessive	waschen
Elle fait un peu de lessive.	Sie wäscht ein wenig.
pouvoir	können
Est-ce que je peux sortir?	Kann ich ausgehen?
nettoyer	reinigen, putzen
le pâtissier	der Konditor
des pâtisseries *f pl*	Gebäck
être déçu, e	enttäuscht sein
gentil, le	nett
sévère	streng
en courant	laufend, im Laufschritt
la commission	die Besorgung
avoir le temps de faire qc	Zeit haben, etw zu tun
tout près	ganz in der Nähe
le vélomoteur	das Moped
faire un tour sur le vélomoteur	eine Fahrt auf dem Moped machen
bavarder	plaudern
Pierre rentre chez lui.	Pierre geht nach Hause.
prêt, e	bereit
se reposer	sich ausruhen
rougir	rot werden
la bêtise	die Dummheit
laisser	lassen

4. Madame Fabre

9 la remarque	die Bemerkung
désagréable	unangenehm
pâle	blaß
Comment vas-tu?	Wie geht es Dir?
grossir	dicker werden, zunehmen
sourire	lächeln
Elle sourit poliment.	Sie lächelt höflich.
passer	*hier:* hinübergehen
Voulez-vous passer à la salle à manger?	Wollen Sie (bitte) ins Eßzimmer hinübergehen?
s'excuser	sich entschuldigen (lassen)
voir	sehen
s'ennuyer	sich langweilen
Les enfants s'ennuient.	Die Kinder langweilen sich.
l'excellence *f*	die Vorzüglichkeit
le prix d'excellence	*(Preis, den am Ende des Schuljahrs der beste Schüler der Klasse bekommt)*
le dernier, la dernière	der/die Letzte
pauvre	arm
le voyage	die Reise
un voyage d'affaires *f*	eine Geschäftsreise
le Canada	Kanada
un voyage au Canada	eine Reise nach Kanada
je veux	ich will
mettre qn en pension	jdn in Pension geben
hésiter	zögern
l'air *m*	*hier:* das Aussehen
avoir l'air inquiet	besorgt dreinschauen
le ménage	der Haushalt
la femme de ménage	die Putzfrau
remercier qn	jdm danken
s'inquiéter	sich Sorgen machen
Je vais écrire à Jacqueline ce soir.	Ich schreibe Jacqueline heute abend.

5. Le cours d'histoire

se lever	aufstehen
Il se lève de bonne heure.	Er steht früh auf.
Ils viennent par le métro, en autobus et à vélomoteur.	Sie kommen mit der Metro, mit dem Bus und mit dem Moped.
la Révolution Française	die Französische Revolution
la voisine	die Nachbarin
Elle écrit un mot à sa voisine.	Sie schreibt ihrer Nachbarin einen Zettel (ein Wort).
le château fort	die Burg, die Festung

le cachot	der Kerker
passer	*hier:* weitergeben
interroger qn	jdn (be-, aus-)fragen
Elle ne peut pas répondre.	Sie kann nicht antworten.
mécontent, e	unzufrieden, ärgerlich
recommencer	wieder anfangen, wieder tun
moi non plus	ich auch nicht
préférer qn/qc	jdn /etw vorziehen
je préfère	ich ziehe vor/ mag lieber

6. L'arrivée de Jacqueline

aller chercher qn à la gare	jdn vom Bahnhof abholen
avoir l'air triste	traurig aussehen
Combien de temps va-t-elle rester chez nous?	Wie lange bleibt sie bei uns?
dépendre de	abhängen von
ressembler à qn	jdm ähneln
exagérer	übertreiben
impoli, e	unhöflich
Ne sois pas impoli(e)!	Sei nicht unhöflich!
la foule	die (Menschen-)Menge
Nous sommes un peu en avance.	Wir sind etwas zu früh gekommen.
accepter	annehmen
en face de	gegenüber
Elle vient vers eux.	Sie kommt auf sie zu.
plus tôt	früher
la curiosité	die Neugier
Elle la regarde avec curiosité.	Sie sieht sie neugierig an.

7. Le cambrioleur

le cambrioleur	der Einbrecher
embrasser	küssen, umarmen
Avant de partir, elle embrasse les enfants.	Ehe sie fortgeht, küßt sie die Kinder.
le repas	die Mahlzeit
un repas froid	eine kalte Mahlzeit
Soyez sages.	Seid brav!
la vitesse	die Schnelligkeit
Ils font leurs devoirs en vitesse.	Sie machen ganz schnell ihre Schulaufgaben.
vers minuit	gegen Mitternacht
le bruit	das Geräusch
Elle se penche à la fenêtre.	Sie beugt sich aus dem Fenster.
un immeuble	ein großes, mehrstöckiges Haus
chuchoter	flüstern
la pointe	die Spitze
sur la pointe des pieds	auf Zehenspitzen
l'entrée *f*	der Eingang, der Flur
heurter qc	gegen etw stoßen
le sac à dos	der Rucksack
avant-hier [avɑ̃tjɛr]	vorgestern
recevoir	bekommen

j'ai reçu	ich habe bekommen
sot, te	dumm
les épaules *f pl*	die Schultern
hausser les épaules	die Achseln zucken
se tourner vers qn	sich jdm zuwenden

8. Le marché aux puces

16 la puce	der Floh
le marché aux puces	der Flohmarkt
inviter qn à faire qc	jdn einladen, etw zu tun
tout à l'heure	gerade eben
pleuvoir	regnen
une heure plus tard	eine Stunde später
beaucoup d'animation *f*	reges Leben, lebhafter Betrieb
le sac à main	die Handtasche
quelquefois	manchmal
le voleur	der Dieb
les légumes *m pl*	das Gemüse *pl*
le fromage	der Käse
la sorte	die Art
la chose	die Sache, das Ding
toutes sortes de choses	alle möglichen Dinge
préférer faire qc	lieber etw tun
un antiquaire	ein Antiquitätenhändler
l'année dernière	im letzten Jahr
une bonne affaire	ein gutes Geschäft
le couteau *pl* les couteaux	das Messer
un étalage	eine Auslage
le tableau *pl* les tableaux	das Bild
des meubles anciens	alte Möbel
le revolver [rəvɔlvɛr]	der Revolver
grec, grecque	griechisch
rire	lachen
dessous	unten, darunter

9. Jacqueline et Marie-Claude oublient l'heure

l'heure *f*	*hier:* die Zeit
la seconde [s(ə)gɔ̃d]	*(5. Jahr Gymnasium)*
Marie-Claude est plus jeune que Jacqueline.	Marie-Claude ist jünger als Jacqueline.
la quatrième	*(3. Jahr Gymnasium)*
une habitude	eine Gewohnheit
d'habitude	gewöhnlich, sonst
Elle rentre chez elle.	Sie geht nach Hause.
le bas *pl* les bas	der Strumpf
le cadeau *pl* les cadeaux	das Geschenk
le camelot	der Straßenhändler
la camomille	die Kamille
Nous nous dépêchons.	Wir beeilen uns.

Dépêchons-nous.	Beeilen wir uns!	la cheminée	der Kamin
décrocher	(den Hörer) abnehmen	dire qc en riant	lachend etw sagen
raccrocher	(den Hörer) wieder auflegen	le dos	der Rücken
		la messe de minuit	die Mitternachtsmesse
avoir de la chance	Glück haben		
mettre le couvert	den Tisch decken	une huître [yitr(ə)]	die Auster
		la dinde	der Truthahn
		le marron	die Eßkastanie, die Marone

10. Le réveillon

		de la dinde aux marrons	Truthahn mit Maronen
le réveillon	das Festessen in der Weihnachts-(oder Neujahrs-)nacht	la salade	der Salat
		la bûche	der Holzscheit
		la bûche de Noël	*(Weihnachtskuchen in Form eines Holzscheits)*
le sapin	die Tanne		
décorer	schmücken		
un arbre	ein Baum	l'Alsace *f*	das Elsaß
Noël *m*	Weihnachten	du vin d'Alsace	Wein aus dem Elsaß
l'arbre de Noël	der Weihnachtsbaum		
		le bordeaux	der Bordeaux *(Wein aus der Gegend um Bordeaux)*
la veille	die (Nacht-)Wache, der Vorabend		
la veille de Noël	der Heilige Abend	le champagne	der Champagner *(Schaumwein aus der Champagne)*
faire la cuisine	kochen		
amener qn	jdn mitbringen		
les beaux-parents *m pl*	die Schwiegereltern		
		lever	heben
		la santé	die Gesundheit
avec lui	mit ihm	la cuisinière	die Köchin
les grands-parents *m pl*	die Großeltern	A la santé de la cuisinière!	Auf das Wohl der Köchin!
Il les amène avec lui.	Er bringt sie mit.	répondre en souriant	lächelnd antworten
être chargé de qc	mit etw beladen sein	Joyeux Noël.	Fröhliche Weihnachten!
le soulier	der Schuh		

11. La dispute

22
la dispute	der Streit
le bal d'étudiants	der Studentenball
la surprise-partie	private Tanzparty
commencer à faire qc	anfangen, etw zu tun
se peigner	sich kämmen
s'habiller	sich anziehen
frapper à la porte	an die Tür klopfen
un quart d'heure	eine Viertelstunde
agacer qn	jdn ärgern, reizen; jdm auf die Nerven gehen
Que tu es agaçant(e)	Wie du mir auf die Nerven gehst!
se taire	schweigen
Taisez-vous!	Seid still!
exagérer	übertreiben
Tu n'es pas pressé.	Du hast es nicht eilig.

23
emmener qn	jdn mitnehmen
prudent, e	vorsichtig
Vous devez rentrer à onze heures.	Ihr müßt um 11 Uhr nach Hause kommen.
Vous êtes plus jeunes que lui.	Ihr seid jünger als er.
danser	tanzen
Alain se lève le dernier.	Alain steht als letzter auf.
se réveiller	aufwachen
Il ne se réveille qu'à deux heures.	Er wacht erst um zwei Uhr auf.

12. Le Musée du Louvre

la Joconde	die Mona Lisa (*Gemälde von Leonardo da Vinci*)
Elle n'a jamais vu la Joconde.	Sie hat noch nie die Mona Lisa gesehen.
vouloir	wollen
tu veux	du willst
donner rendez-vous à qn	sich mit jdm verabreden
à trois heures juste	Punkt drei Uhr
les gens *m pl*	die Leute
la Vénus de Milo	die Venus von Milo (*griech. Statue aus dem 3. Jh. v. Chr.*)
un bon moment	eine ganze Weile
Qu'elle est belle!	Wie schön sie ist!
le sourire	das Lächeln
la statue	die Statue
le hall	das Vestibül, die Vorhalle
Je n'ai jamais vu un tableau aussi beau.	Ich habe noch nie ein so schönes Bild gesehen.
Ah! dit-il d'un air surpris.	Ah! sagt er erstaunt.
J'ai l'habitude.	Das bin ich gewohnt.
la même chose	dasselbe

13. Le devoir d'allemand

le théâtre	das Theater
les Etats-Unis	die Vereinigten Staaten

dessiner	zeichnen
terminer	beenden
savoir	*hier:* wissen
sûr, sure	sicher
Je ne suis pas sûr, mais...	Ich weiß es nicht genau, aber...
difficile	schwer
à la télévision	im Fernsehen
un agent secret	ein Geheimagent
la Chine	China
aller en Chine	nach China fahren
à temps	rechtzeitig
rendre qc à qn	jdm etw zurückgeben
la troisième	*(4. Jahr im Gymnasium)*
le, la même	der-, dieselbe
juste	gerecht
douze	zwölf *(von zwanzig Punkten)*
copier	abschreiben
Tu as mal copié.	Du hast schlecht abgeschrieben.

14. La maison inhabitée

le Quartier Latin	*(Pariser Stadtviertel, in dem sich die Universität befindet)*
se promener	spazierengehen
étroit, e	eng
la charcuterie	Wurstwarengeschäft
le saucisson	die Wurst
des maisons anciennes	alte Häuser
le jet d'eau	der Springbrunnen
pendant que	während
remarquer	bemerken
la tache	der Fleck
le pavé	das Pflaster, der Pflasterstein
le sang	das Blut
aller voir	nachsehen
La porte s'ouvre facilement.	Die Tür läßt sich leicht öffnen.
le rez-de-chaussée	das Erdgeschoß
sombre	finster
la patte	die Pfote
blessé, e	verletzt
le mouvement	die Bewegung
doux, douce	sanft
le bras *pl* les bras	der Arm
envelopper	einwickeln
le pull-over [pylɔvɛr]	der Pullover
taché(e) de sang	blutbefleckt
perdre	verlieren
perdu, e	verloren
mignon, ne	süß, niedlich
garder	behalten

15. Jacqueline attrape la grippe

attraper la grippe	die Grippe bekommen
Elle va mieux.	Es geht ihr besser.
le médecin	der Arzt

garder le lit	das Bett hüten	garder le bébé	auf das Baby aufpassen
le roman policier	der Kriminalroman	si	wenn, falls
écouter la radio	Radio hören	avant minuit	vor Mitternacht
le cachet d'aspirine	die Aspirintablette	le gâteau	der Kuchen
les courses *f pl*	die Einkäufe	des petits gâteaux	Kekse
sortir faire des courses	fortgehen, um einzukaufen	espérer	hoffen
		la soirée	der Abend, der Verlauf des Abends
autre chose	etwas anderes, noch etwas	passer une bonne soirée	einen schönen Abend verbringen
rien d'autre	nichts anderes, sonst nichts	allumer le poste de télévision	den Fernsehapparat einschalten
un instant	ein Augenblick		
essayer de faire qc	versuchen, etw zu tun	pleurer	weinen
29 le tourne-disque [turnədisk(ə)]	der Plattenspieler	bercer	wiegen
		Il pleure plus fort.	Er weint stärker.
Il le met très fort.	Er stellt ihn sehr laut ein.	le jouet	das Spielzeug
		Elle chante très doucement.	Sie singt sehr leise.
immédiatement	sofort		
la concierge	die Hausmeistersfrau	la figure	das Gesicht
		Sa figure est toute rouge.	Sein Gesicht ist ganz rot.
tout l'immeuble	das ganze Haus		
Excusez-nous,...	Entschuldigen Sie (uns) bitte,...	changer un bébé	ein Baby trockenlegen
		mériter	verdienen
curieux, se	*hier:* seltsam, merkwürdig		

16. Les enfants gagnent de l'argent

17. Le poisson d'avril

30 gagner de l'argent	Geld verdienen	le poisson	der Fisch
ils veulent	sie wollen	le poisson d'avril	der Aprilscherz
le patin à glace	der Schlittschuh	le premier avril	der erste April; am ersten April
faire du patin à glace	Schlittschuh laufen	la farine	das Mehl
		le bouton	der Pickel
		des boutons	Ausschlag
		le miel	der Honig

être en train de faire qc	dabei sein, etw zu tun
la tartine	die (bestrichene) Brotschnitte
nous pouvons	wir können
Nous sommes tous [tus] malades.	Wir sind alle krank.
la rougeole [ruʒɔl]	die Masern
Poisson d'avril!	April! April!
âgé, e	alt *(von Personen)*
sévère	streng
gros, se	dick
au-dessus de	über, oberhalb von
le pas *pl* les pas	der Schritt
le couloir	der Gang, der Flur
chut!	Pst!
Hélas! [ela:s]	Ach, du liebe Zeit!
le surveillant	*(Aufsichtsperson in einer Schule)*
général, e	allgemein, Haupt-, Ober-
le surveillant général	*(Vorsteher des Aufsichtspersonals einer Schule)*
furieux, se	wütend
la retenue	das Nachsitzen

18. Jacqueline écrit à ses parents

Merci de votre lettre.	Vielen Dank für euren Brief.
la semaine dernière	letzte Woche
Maintenant je vais mieux.	Jetzt geht es mir besser.
J'espère que vous allez bien.	Ich hoffe, daß es Euch gut geht.
depuis	seit
l'art *m*	die Kunst
le Musée d'Art Moderne	das Museum für Moderne Kunst
coûter cher	teuer sein
la hauteur	die Höhe
la vue	die (Aus-)Sicht
le souvenir	das Andenken
courir	laufen
Pierre est descendu en courant.	Pierre ist im Laufschritt (laufend) hinabgestiegen.
suivre qn	jdm folgen
lent, e	langsam
Je l'ai suivi, mais plus lentement.	Ich bin ihm gefolgt, aber langsamer.
la marche	die Stufe
tourner	(sich) drehen, winden
heurter qn/qc	jdn/etw anstoßen
rouler dans l'escalier	die Treppe hinunterrollen
finalement	endlich, schließlich
américain, e	amerikanisch
rattraper	wieder einfangen, erwischen
en bas	unten
le baiser	der Kuß

19. A la patinoire

38 la patinoire	die Eisbahn
le billet d'entrée *f*	die Eintrittskarte
la fête	*hier:* der Namenstag
envoyer	schicken
le vestiaire	die Garderobe, die Kleiderablage
louer	*hier:* sich ausleihen
Il fait très frais à la patinoire.	Es ist sehr frisch auf der Eisbahn.
frileux, se	kälteempfindlich
Jacqueline est frileuse.	Jacqueline friert leicht.
le pantalon de ski [ski]	die Skihose
tenir	halten
ils tiennent	sie halten
tenir qn par la main	jdn an der Hand halten
au milieu de la patinoire	in der Mitte der Eisbahn
patiner	Schlittschuh laufen
pauvre	arm
la pauvre	die Arme
Elle se relève en riant.	Sie steht lachend wieder auf.
savoir	*hier:* können
Ils savent patiner.	Sie können Schlittschuh laufen.
seul, e	allein
Ils font le tour de la patinoire.	Sie laufen eine Runde auf der Eisbahn.
quelques minutes de l'autre côté	einige Minuten an der anderen Seite
Elle est encore tombée.	Sie ist wieder gefallen.
bouger	sich bewegen
auprès de qn	bei jdm
possible	möglich
le plus vite possible	so schnell wie möglich
une infirmerie	ein Sanitätsraum
une infirmière	eine Krankenschwester
les lunettes *f pl*	die Brille
N'ayez pas peur.	Haben Sie keine Angst!
grave	schlimm
se reposer	sich ausruhen
Reposez-vous.	Ruhen Sie sich aus.

20. Le Bois de Boulogne

le bois	der Wald; das Holz
le Bois de Boulogne	*(großer Park im Westen von Paris)*
la glace	*hier:* der Spiegel
neuf, neuve	neu
rencontrer	treffen
emporter qc	etw mitnehmen
le pique-nique	das Picknick
Il fait très chaud.	Es ist sehr warm.
la promenade en bateau	die Bootsfahrt
au bord de l'eau	am Ufer
au soleil	in der Sonne

se perdre	sich verlaufen	le roi	der König
le chemin	der Weg	la salle de bal	der Ballsaal
indiquer le chemin à qn	jdm den Weg weisen	le moulin	die Mühle
soudain	plötzlich	à travers le parc	durch den Park
gros, se	dick	agréable	angenehm
le nuage	die Wolke	Viens voir!	Sieh mal!
emprunter qc	sich etw ausleihen	la caméra	die (Film-)Kamera
		la marque	die Marke
la goutte	der Tropfen	par hasard	zufällig
la pluie	der Regen	Il est si content que...	Er ist so froh (zufrieden), daß...
bientôt	bald	délicieux, se	köstlich
trempé, e	durchnäßt		
repartir	von neuem aufbrechen		
avoir froid	frieren		
l'état m	der Zustand		

21. Versailles

par un beau dimanche de mai	an einem schönen Sonntag im Mai
ils veulent voir qc	sie wollen etw sehen
la Galerie des Glaces [galri]	der Spiegelsaal
plusieurs	mehrere
à l'extérieur	draußen
elle s'assied	sie setzt sich
proposer à qn de faire qc	jdm vorschlagen, etw zu tun
le hameau	der Weiler
J'y suis allé(e).	Ich bin dorthin gegangen.
l'année dernière	letztes Jahr
un étang	der Teich
la reine	die Königin

22. Les courses de Longchamp

la course	das (Wett-)Rennen; *hier:* das Pferderennen
Longchamp	*(Pferderennbahn im Bois de Boulogne)*
au mois de juin	im (Monat) Juni
un examen	ein Examen, eine Prüfung
passer un examen	eine Prüfung ablegen
la composition	*(Prüfungsarbeit am Ende des Trimesters)*
la révision	die Wiederholung
Munich	München
au mois d'août [u]	im August
rejoindre qn	sich jdm anschließen, sich mit jdm treffen
aimer bien	gern haben

un dimanche matin	ein Sonntagmorgen, an einem Sonntagmorgen
la semaine	die Woche
Ils partent de chez eux.	Sie gehen von zu Hause fort.
le programme	das Programm
officiel, le	offiziell
45 le cheval *pl* chevaux	das Pferd
Ils vont sûrement gagner.	Sie werden bestimmt gewinnen.
les jumelles *f pl*	das Fernglas
petit à petit	nach und nach, allmählich
dépasser	überholen
la fin	das Ende
annoncer	verkünden, bekanntgeben
le résultat	das Ergebnis
une grosse somme	eine hohe Summe
l'Allemagne *f*	Deutschland

23. Le quatorze juillet

46 le quatorze juillet	der vierzehnte Juli
le jour de la Fête Nationale	der Nationalfeiertag
le feu d'artifice *m*	das Feuerwerk
la main dans la main	Hand in Hand
avoir l'air heureux	glücklich aussehen
admirer	bewundern
le spectateur	der Zuschauer
le cri	der Schrei
pousser des cris de plaisir	Freudenschreie ausstoßen
au fait	*hier:* übrigens
connaître	kennen
ils connaissent	sie kennen

24. Le départ

le départ	die Abfahrt, der Abschied
excepté Alain	außer Alain
la Suisse	die Schweiz
Il est parti en Suisse.	Er ist in die Schweiz gefahren.
le train de Munich	der Zug nach München
manquer le train	den Zug verpassen
le passeport	der Paß
le billet	die Fahrkarte
faire attention	aufpassen
le compartiment	das Abteil
au moins	mindestens
se mettre en marche	sich in Bewegung setzen
le signe	das Zeichen
faire des signes d'adieu	winken
Ce soir, nous allons faire un bon petit repas au restaurant.	Heute abend essen wir etwas Gutes im Restaurant.
nous pouvons aller	wir können gehen